www.ingramcontent.com/pod-product-compliance
Lightning Source LLC
Chambersburg PA
CBHW081008170526
45158CB00010B/2965
* 9 7 8 1 0 8 1 9 4 3 8 4 4 *